Legitimación Activa

de los Intereses

Colectivos

y difusos

en el Amparo Constitucional

AUTOR: DANIEL ÁVILA PARRA

Legitimación Activa de los Intereses Colectivos y Difusos en el Amparo Constitucional

Daniel Ávila Parra

...

Adaptación y Corrección

Editorial Negrita y Cursiva
Maracaibo, Venezuela 2020

...

Contenido

Página 49 - **Capítulo III**

Página 75 - **Capítulo** IV

- Sobre el autor -

Daniel Ávila es un abogado egresado de la Universidad Dr. Rafael Belloso Chacín —mención cum-laude—, especialista en derecho procesal (Universidad Católica Andres Bello), con un diplomado en derecho laboral (Universidad Valle del Momboy); hoy día, cursa un Doctorado en Ciencia Política (LUZ).

Recibió condecoraciones al mérito profesional por la Federación del Colegio de Abogados de Venezuela "Dr. Arminio Borjas", en su 3era clase. Fundó el Escritorio *Jurídico Law Consulting* y es socio fundador del Grupo legal *Fundamenta*. Se desempeñó como profesor de la UJGH en las cátedras de Derecho Mercantil y Derecho Administrativo.

Actualmente forma parte de la comisión de DDHH de la Federación del Colegios de Abogados en el Zulia, y ejerce su profesión.

Introducción

La obra que tiene en sus manos, titulada *Legitimación Activa de los Intereses Colectivos y Difusos en el Amparo Constitucional*, tiene como objetivo general analizar quienes son los legitimados activos para ejercer la pretensión de amparo constitucional de intereses difusos y colectivos, en el ordenamiento jurídico venezolano. Este libro nació de mi última investigación científica, pero lo he transformado para que puedas determinar de la forma más posible quién tiene la cualidad para representar dichos intereses en juicio y cuáles son los mecanismos judiciales y tribunal competente para tutelar ambos intereses.

Para la recolección de la información, se utilizaron fichas de trabajo; estas permitieron una mejor organización de la información extraída de las fuentes consultadas, así como la revisión doctrinaria, análisis jurisprudencial, entrevistas, entre otras fuentes primarias de información a las cuales se tuvo acceso. Los datos fueron analizados a través de un análisis lógico y sistemático de contenido de todo el material documental y teórico y su interpretación desde el punto de vista jurídico y hermenéutico.

Ahora bien, lo que se concluye en los ordenamientos

positivos de los países jurídicamente más avanzados, es que se han consagrado en apoyo al reconocimiento de los intereses colectivos y difusos, pero hasta el momento sólo se tiene clara su necesidad de protección. En efecto, en la Constitución de la República Bolivariana de Venezuela en su Título III de los Derechos y Garantías, se establecen aquellos de los cuales goza toda persona, entre los que se destacan el contenido del artículo 26 que será revisado más adelante.

Prólogo

Constituye un gran honor para mí haber sido designado por el autor de esta obra, la cual es de gran importancia para el estudio y ejercicio profesional del derecho, para redactar el prólogo de la misma, conociendo a su autor desde sus inicios como abogado, el destacado colega Daniel Benito Ávila Parra, quien ha investigado y desarrollado a profundidad el tema de la Legitimación Activa para el ejercicio de los Intereses Colectivos y Difusos en Amparo Constitucional, desde sus estudios de postgrado, auspiciados por nuestro Colegio de Abogados del estado Zulia, en convenio con la Universidad Católica Andrés Bello, el cual a pesar de algunas dificultades, fue dictado y culminado con todo éxito en el área de la división de post grado de nuestra Corporación Gremial, promoviendo con ello el estudio y la investigación de las ciencias jurídica, y por ende el mejoramiento académico y profesional de nuestros agremiados.

El estudio y análisis de los Intereses Colectivos y Difusos muy a pesar de estar consagrados en nuestra Carta Magna, han sido poco debatidos y discutidos por nuestros juristas , razón por la cual no han sido desarrollados a plenitud en nuestro ordenamiento jurídico positivo vigente, existiendo por lo tanto poca Doctrina Patria respecto a tan importante tema jurídico, razón por la cual resulta necesaria y de suma importancia la presente obra, por cuanto constituye un gran aporte de su autor, tanto para el estudio, comprensión y aplicación de tan trascendental tema en el ejercicio de la abogacía ; el cual plantea una clara y pedagógica definición de los Interese Colectivos y Difusos, con un análisis doctrinario, y de derecho comparado, desde su nacimiento como institución en el Derecho Romano, su evolución en la legislación de varios países, la consagración constitucional, y su establecimiento en algunos cuerpos normativos venezolanos.

Del mismo modo, es de destacar que el autor de esta obra analiza el tratamiento jurisprudencial que se le ha dado al tema en cuestión, en las distintas sentencias emanadas del Tribunal Supremo de Justicia, en las cuales se fijan las pautas tanto para su definición, determinación de la legitimación activa para su tutela judicial efectiva, tribunal competente, así como también, su tratamiento, y decisión.

Estoy plenamente convencido que la presente obra jurídica marcara el inicio del debate para el estudio y análisis jurídico necesario para la tutela judicial de este tipo de intereses supraindividuales, que todos los abogados y estudiantes de derecho estamos en la obligación de conocer y entender, y cuyas aristas no han sido estudiadas en profundidad, por lo cual, obras como esta generan y siembran la semilla para el desarrollo y crecimiento de esta institución en el derecho venezolano.

Mi reconocimiento y felicitación para mi colega y amigo, Daniel Benito Ávila Parra, por el esfuerzo y dedicación plasmado en esta obra de gran importancia para todos los colegas, y muy especialmente para las nuevas generaciones de abogados. Gracias por poner en alto el buen nombre de nuestra Corporación Gremial, Colegio de Abogados del estado Zulia.

Dios te siga indicando el camino del éxito profesional.

Abog. Mario E. Torres Carrillo

Intereses
colectivos
y difusos

- Análisis de los intereses

- Fundamentos normativos - doctrinarios
a nivel constitucional y jurisprudencial.

- Antecedentes de la historia para el
reconocimiento de intereses difusos y
colectivos

Capítulo I

Intereses colectivos y difusos

Al entrar en el análisis de los intereses colectivos y difusos es necesario aclarar ciertos conceptos, tales como *interés jurídico y acción procesal* y la forma como ellos se relacionan. Lo anterior debido a que, habitualmente, la doctrina habla de los intereses colectivos y difusos en relación a las acciones procesales que los contienen.

Existen diversas teorías para explicar lo que es la acción, en derecho procesal. Desde el derecho romano hasta nuestros tiempos, han surgido explicaciones a su respecto. En este orden de ideas, Olmedo (1982, 78) sostiene que la tesis predominante en Iberoamérica, acerca del término hace referencia a que *"...se debe entender por acción procesal el poder de presentar y mantener ante el órgano jurisdiccional una pretensión jurídica, postulando una decisión sobre su fundamento, y en su caso la ejecución de lo resuelto".*

Esta definición contiene el elemento fundamental de la acción procesal, como es la dualidad poder-deber. Poder, porque existe la posibilidad de que la parte actora tenga la facultad de promover la actividad del órgano jurisdiccional para que, seguido el proceso correspondiente, este emita una sentencia sobre la pretensión, en el sentido que tiene el deber de dar trámite a la petición de llamar a juicio a la contraparte, de cumplir con los actos del proceso, de dictar sentencia, y eventualmente ordenar la ejecución de ella.

El interés desde la óptica del derecho procesal puede ser entendido, dice Liebman (1980, 89), como "la relación de utilidad existente entre la lesión de un derecho, que ha sido afirmada, y el proveimiento de tutela jurisdiccional que viene demandando"; o más claro como afirma Ovalles (1996, 78):

"la relación (interés) que debe existir entre la situación de hecho contraria a derecho o el estado de incertidumbre jurídica que afecte a la parte actora y la necesidad de la sentencia demandada, así como en la aptitud de ésta para poner fin a dicha situación o estado".

Por su parte, Balzan (1986, 72) explica:

"que la distinción entre acción e interés estriba en que la acción es la potestad de pedir la realización del derecho, en tanto que el interés es el beneficio que produce el ejercicio de la acción, habida consideración de que no se concibe poner en movimiento al

órgano jurisdiccional, a la maquinaria judi-cial, simplemente para obtener decisiones abstractas".

- Análisis de los intereses

Una vez analizada la diferencia y relación entre interés y la acción procesal, procedemos a adentrarnos particu-larmente en los intereses colectivos y difusos. En opinión de Villegas (1999), el concepto de intereses difusos es difícil de precisar y de aclarar. Sin embargo, por interés difuso se puede entender un interés jurídicamente reco-nocido pero que corresponde a una pluralidad indetermi-nada o indeterminable de sujetos. En general, esta figu-ra puede aplicarse a muchos de los llamados derechos sociales o a muchos de los enunciados programáticos fijados por las constituciones que adoptan el modelo de Estado social.

Estos intereses, dice Xiol (1992), *"...son también en ocasiones caracterizados como intereses reflejos".* De allí que, objetivamente considerado el interés difuso, es el interés que cada individuo posee por el hecho de per-tenecer a la pluralidad de sujetos. Por tanto, la conse-cuencia jurídica del interés difuso es el reconocimiento de una pluralidad de situaciones subjetivas relativas a sujetos individuales.

Para Giannini (1976), *"El interés difuso es un interés privado de su portador, de su titular legítimo y, por tanto, substancialmente anónimo".* Colaco (1989), señala que es *"un interés jurídicamente reconocido, de una plurali-*

dad indeterminada o indeterminable de sujetos que, potencialmente, puede incluir a todos los miembros de una comunidad general de referencia u ordenamiento general cuya normativa proteja tal tipo de interés".

En este mismo orden de ideas, seguimos explorando conceptualizaciones de este término, como aquella que señala Rondon (1994), según la cual, el interés difuso *"...como el interés atribuido a los grupos sociales. Es decir, es la rama de los intereses legítimos que afectan a un grupo perfectamente delimitable".* Para González (1995), *"lo que caracteriza a los intereses difusos es corresponder a una serie de personas indeterminadas entre las que no existe vínculo jurídico, de modo que la afectación de todos ellos deriva de razones contingentes".*

Si tomamos en cuenta la opinión de Acosta (1995, 78), observaremos que su doctrina ha definido interés difuso:

"como un interés propio, jurídicamente reconocido, de un grupo social o colectividad indeterminada de sujetos desprovista de una organización que los tome para sí enteramente y tenga capacidad para su defensa, cuya tutela judicial jurisdiccional responde a eventuales iniciativas meramente individuales".

Lozano (1996, 87), señala que:

"se entiende por interés difuso el interés de un sujeto jurídico en cuanto compartido –

expandido o compartible – expandible – por una universalidad, grupo o categoría, clase o género de los mismos; cuyo disfrute, ostentación y ejercicio son esencialmente homogéneos y fundibles y que adolece de estabilidad y coherencia en su vinculación subjetiva, así como de concreción y normativa orgánica en sus tutelas material y procesal".

Viguri (1997, 43) sostiene que interés difuso sería:

"la acción popular que implica el acceso a los tribunales de cualquier ciudadano para exigir la intervención de los órganos jurisdiccionales con la finalidad de que se cumpla la legalidad, sin que se requiera ocupar una posición subjetiva de ventaja lesionada o amenazada".

González (1986, 56) en una óptica más materialista, sostiene que los intereses difusos son *"el conjunto de tensiones individuales denominadas por la común referencia a un bien jurídico idóneo para satisfacer conjuntamente la pluralidad de situaciones susceptibles de agregación y cohesión".*

Pfeffer (1997, 21), desde la perspectiva del derecho subjetivo procesal que implican intereses, señala que:

"Las acciones de interés difuso son aquellas en que sus titulares son personas indetermi-

> *nadas o ligadas entre sí sólo por circunstancias de hecho, como por ejemplo, cuando se introducen al mercado productos inseguros o riesgosos o cuando por una publicidad engañosa se induce al consumo de bienes que no tienen las cualidades que el consumidor espera encontrar en ellos."*

En referencia al plano procesal y a la titularidad de la acción que pretende el reconocimiento o declaración de ese interés en juicio, ella va más allá de un solo individuo, es decir, es supraindividual, pero ejercida por uno de los sujetos.

Respecto al interés colectivo, la doctrina señala que pertenece a personas situadas en un mismo nivel o plano con relación a un determinado bien respecto del que tienen exigencias del mismo tipo. Se trata entonces, de situaciones en donde cada consumidor cuida su propio interés, que es similar al interés de otros consumidores.

Una característica o diferencia que podemos establecer es que los colectivos corresponden a un grupo de carácter no ocasional, concreto y determinado, mientras que los difusos carecen de una base organizativa y que algunos han calificado como sujetos fungibles, es decir, sustituibles sin que se produzca alteración alguna en el ámbito social.

Se puede decir que los intereses colectivos son los intereses de los grupos profesionales y económicos o de índole similar, encargados ordinariamente por corporaciones representativas. Estos intereses son también llamados intereses corporativos o intereses de categoría.

Vigoritti (1980, 105), en referencia al fenómeno procesal de los intereses colectivos, cita conocida la jurisprudencia italiana, que considera expresamente que las expresiones "interés colectivo" e "interés difuso" son consideradas por la gran mayoría de autores como términos similares. Para Giannini (1976, 354), *"Son intereses colectivos los intereses que tiene como portador un ente representativo de un grupo no ocasional".*

Pfeffer (1997, 25) sostiene desde la perspectiva del ejercicio procesal del interés, que acciones de interés colectivos son "aquellos en que los titulares son un grupo, categoría o clase de personas ligadas entre sí o con la parte contraria por una relación de base".

El Código de Defensa del Consumidor Brasileño (Ley Federal núm. 8,078, del 11 de septiembre de 1990) define estos dos tipos de intereses. De acuerdo con su artículo 81, parágrafo único, son difusos los intereses "transindividuales, de naturaleza indivisible, de que sean titulares personas indeterminadas y ligadas por circunstancias de hecho"; en cambio, son colectivos los intereses "transindividuales, de naturaleza indivisible, de que sea titular un grupo, una categoría o una clase de personas ligadas entre sí o con la parte contraria por una relación jurídica base".

El elemento que debemos tomar en cuenta cuando se habla de interés colectivo, es la comunidad, porque nos referimos comúnmente a comunidades unificadas, más o menos determinables en cuanto a sus componentes, características y aspiraciones comunes.[1] Y si seguimos ahondando en la doctrina, dicho interés tiende a identificarse, bien con una organización social o centro de referencia, ya que con una formación social o grupo intermedio, no supone una suma de intereses individuales, sino una calidad de los mismos que le proporciona una fuerza cohesiva superior.[2]

- Fundamentos normativos - doctrinarios a nivel constitucional y jurisprudencial

Respecto al fundamento constitucional para el ejercicio de este tipo de intereses, se puede confirmar que está reflejado vía mandato constitucional en el artículo 26 de la Carta Fundamental, que certifica:

> **Artículo 26.** *Toda persona tiene derecho de acceso a los órganos de administración de justicia para hacer valer sus derechos e intereses, incluso los colectivos o difusos, a la tutela efectiva de los mismos y a obtener con prontitud la decisión correspondiente.*
> *El Estado garantizará una justicia gratuita, accesible, imparcial, idónea, transparente, autónoma, independiente, responsable, equitativa y expedita, sin dilaciones indebidas, sin formalismos o reposiciones inútiles.*
> *(Cursiva de los autores)*

---

1 Hernández (1997, 32).
2 De Vita (1997, 14).

En dicho artículo se encuentra el punto de equilibrio o piedra angular, que une tanto la acción entendida como la posibilidad jurídico-constitucional de acceso a la jurisdicción para la tutela de un interés jurídico, y los intereses colectivos y difusos.

Esta garantía del derecho de acceso a la justicia ocurre directamente como consecuencia de lo dispuesto en el artículo 2 de la Constitución Nacional, el cual dispone:

> **Artículo 2.** *Venezuela se constituye en un Estado democrático y social de Derecho y de Justicia, que propugna como valores superiores de su ordenamiento jurídico y de su actuación, la vida, la libertad, la justicia, la igualdad, la solidaridad, la democracia, la responsabilidad social y en general, la preeminencia de los derechos humanos, la ética y el pluralismo político. (Cursiva de los autores)*

Con dicha norma, el constituyente estipula un estado democrático social de derecho y de justicia, y es con este derecho de acción que se va a garantizar el Estado de Derecho, y los pasos para conseguir ese equilibrio que es la Justicia.

En el artículo 281 de la Constitución se establece:

1. Velar por el efectivo respeto y garantía de

25

los derechos humanos consagrados en esta Constitución y en los tratados, convenios y acuerdos internacionales sobre derechos humanos ratificados por la República, investigando de oficio o a instancia de parte las denuncias que lleguen a su conocimiento.

2. Velar por el correcto funcionamiento de los servicios públicos, amparar y proteger los derechos e intereses legítimos, colectivos o difusos de las personas, contra las arbitrariedades, desviaciones de poder y errores cometidos en la prestación de los mismos, interponiendo cuando fuere procedente las acciones necesarias para exigir al Estado el resarcimiento a las personas de los daños y perjuicios que les sean ocasionados con motivo del funcionamiento de los servicios públicos.

3. ....omissis.

En cuanto al fundamento legal del derecho de acción y del interés difuso y colectivo, se encuentra plasmado en el artículo 16 del Código de Procedimiento Civil:

Artículo 16. *Para proponer la demanda el actor debe tener interés jurídico actual. Además de los casos previstos en la Ley, el interés puede estar limitado a la mera declaración de la existencia o inexistencia de un derecho o de una relación jurídica. No es* *admisible la demanda de mera declaración cuando el demandante puede obtener la satisfacción completa de su interés mediante una acción diferente.*

En dicho artículo se concuerda que, para proponer la demanda, está de más decir, contentiva de la pretensión, solo se deberá tener un interés jurídico, que además sea actual. Respecto al interés que se relaciona al concepto de legitimación, se desarrollará posteriormente en los siguientes puntos.

El Código Orgánico Procesal Penal establece:

Artículo 50. *Intereses público y social. Cuando se trate de delitos que han afectado el patrimonio de la República, de los Estados o de los Municipios, la acción civil será ejercida por el Procurador General de la República, o por los Procuradores de los Estados o por los Síndicos Municipales, respectivamente, salvo cuando el delito haya sido cometido por un funcionario público en el ejercicio de sus funciones, caso en el cual corresponderá al Ministerio Público.*

Cuando los delitos hayan afectado intereses colectivos o difusos la acción civil será ejercida por el Ministerio Público.

Cuando en la comisión del delito haya habido concurrencia de un particular con el funcionario público, el ejercicio de la acción civil corresponderá al Ministerio Público.

El Procurador General o el Fiscal General de la República, según el caso, podrán decidir que la acción sea planteada y proseguida por otros órganos del Estado o por entidades civiles.

La ley de Protección al Consumidor y al usuario también abarca el tema de los intereses colectivos y difusos de la siguiente forma:

Artículo 151. *La defensa de los derechos e intereses de los consumidores y usuarios se ejercerá a título personal. El Instituto para la Defensa y Educación del Consumidor y del Usuario (INDECU), la Fiscalía General de la república y las Asociaciones de Consumidores y Usuarios legalmente constituidas, podrán actuar como parte cuando se trate de derechos o intereses colectivos o difusos.*

Ahí se encuentra un primer reconocimiento de los intereses colectivos y difusos expresamente en la derogada LEY DE PROTECCION AL CONSUMIDOR Y USUARIO.

Ahora bien, en relación a este articulado, vale pena

destacar que en enero de 2014 vía Habilitante (Gaceta Oficial N° 40.340), se promulga la Ley Orgánica de Precios Justos en donde se crea en su artículo 10, la Superintendencia Nacional para la defensa de los derechos socioeconómicos (SUNDDE), y se verifica la enunciación de los derechos colectivos y difusos, en su artículo 1 numeral 5to al establecer como uno de los objetos de la ley mencionada ley:

"5. Defender, proteger, y salvaguardar los derechos e intereses individuales, colectivos y difusos, en el acceso de personas a bienes y servicios para la satisfacción de sus necesidades."

Si bien es cierto que en el primer artículo del decreto antes mencionado se hace mención a la atribución de dicha norma en defensa de los interese colectivos y difusos, no menos cierto, es que la circunscribe a la satisfacción de bienes y servicios, y omite cualquier otro interés de satisfacción colectivo o difuso que no se refería a esas dos categorías.

Al mismo tenor de dicho decreto ley, junto con la creación de la Superintendencia Nacional Para la Defensa de los Derechos Socio Económicos (SUNDDE), también desarrolla dentro de sus funciones en el ordinal 19: Designar Inspectores especiales cuando las circunstancias lo ameriten, en aras de preservar la estabilidad económica y los derechos individuales, colectivos, y difusos. He aquí la intención del legislador de ir normativamente adecuando la institución de los intereses colectivos y difusos consagrados en la constitución, y que escasamente los encontramos en los demás textos normativos de nuestro ordenamiento jurídico venezolano.

Es evidente la intención que se deriva de dichas normas cuando enuncian y protege los intereses colectivos y difusos, y hasta legitima activamente a ciertas personas naturales o jurídicas distintas al Defensor del Pueblo, y el Ministerio Publico a fin de que defiendan dichos intereses, a pesar de que la tendencia doctrinaria y jurisprudencial nunca lo han tomado en cuenta, y por el contrario, soy del criterio que debe tomarse en cuenta dicha posibilidad, ya que, pudiera ser un mecanismo bastante accesible para la defensa y control de dichos intereses.

- Antecedentes de la historia para el reconocimiento de intereses difusos y colectivos

Los intereses difusos y colectivos ya eran considerados en el Derecho Romano. En efecto, se refieren a la Interdicto Pretorio, esta acción protegía intereses sobre-individuales, como la contaminación de la vía pública, tanto para prohibir actos, en su forma inhibitoria, como para exigir el pago de daños, en forma de indemnización. Los interdictos en Roma, al igual que en el derecho civil moderno, siempre tenían relación con el interés común o público.

En el digesto 43, 8, 2, Ulpiano señaló que le correspondía al populus romanus o la pluralidad de ciudadanos la protección del derecho público difuso que estaba referido al uso común de la *res pública*. La *actio pro populo* permitía castigar conductas que perturbasen la paz y el bienestar de la vida en común. (Di Porto 1992, p. 189).

Con el pasar de los siglos, se planteó en el derecho una distinción entre lo privado y lo público. El triunfo del liberalismo y de la codificación trajeron aparejados la presencia del individualismo, que pretendía que cada individuo accionase por sus derechos sin consideración a los otros que se encontraban en su misma situación. La protección de los intereses difusos o colectivos eran desconocidos y en este sentido, los códigos procesales sólo se plantearon la figura del litisconsorcio o proceso con pluralidad de partes.

En el siglo XIX, Scialoja (citado por Di Porto, 1992, 190) oponiéndose a la corriente liberal imperante que predicaba al hombre individual como centro del universo y, en éste caso, del derecho, se planteó que los intereses difusos, son aquellos derechos de todos los miembros de la comunidad, entendiendo por tal la nacional y regional.

Luego, con la implantación de la sociedad de masas y de las modernas formas de producción, el ser humano se vio enfrentado a la pasividad de los peligros, riesgos y daños de los bienes colectivos, debiendo crear acciones acordes a dichas exigencias. Algunas Constituciones de principio de siglo, adelantadas para su tiempo, como la de la República de Weimar de 1920, recogieron y positivaron los llamados derechos sociales, económicos y culturales propios de grupos sociales o categorías de individuos.

Otro antecedente histórico para el reconocimiento de los intereses difusos y colectivos fue la institucionalización de la figura del Ombudsman o Defensor del Pueblo en diversos países, los que, mediante su gestión, pretendieron dar solución a la defensa de dichos intereses. El Common Law, fue el sistema que acogió y desarrolló en una primera época las acciones que nacen de los intereses difusos y colectivos. En Inglaterra existía la Bill of Peace que era un procedimiento basado en la equidad, que según Oelckers (1989,98):

"Presupone la existencia de un número elevado de titulares de derechos, es decir, derechos que pertenecen a una categoría, a una clase de persona y que posibilita un tratamiento procesal unitario y simultáneo de todas ellas, por intermedio de la presencia en juicio de un único exponente de la clase"

El derecho de los Estados Unidos de Norteamérica desarrolla este procedimiento, codificándolo mediante la promulgación de la Equity Rules of 1912 que, posteriormente, fue modificada por la Regla 23 sobre procedimiento civil federal de 1937. Esto da origen a la llamada Class Action.

Así fue creada esta figura en Norteamérica (Class Action) para que grupos desorganizados pudieran acceder a la justicia. El concepto de "class action", es una acción de interés colectivo en la que se representan judicialmente a uno o más demandantes de una clase o grupo, que están unidos por situaciones de hecho, o derechos similares, normalmente buscando una retribución económica del daño sufrido y en menor medida pretendiendo una determinada declaración de un tribunal, y su origen y nacimiento se encuentra en la institución inglesa denominada Bill of peace.

En cuanto a Latinoamérica, fue en Brasil donde se creó una acción civil pública referida a la responsabilidad civil por daños causados al ambiente, al consumidor, y a los bienes y derechos de valor artístico, estético, entre otros; y fue posteriormente donde a través del código de protección y defensa del consumidor brasileño de 1990, en el cual se modificó el alcance de la mencionada acción civil, para abarcar los intereses colectivos y difusos de los consumidores.

Por su parte, en Latinoamérica, fue en Brasil donde se creó una acción civil pública referida a la responsabilidad civil por daños causados al ambiente, al consumidor, y a los bienes y derechos de valor artístico, estético, entre otros; y fue posteriormente donde a través del código de protección y defensa del consumidor brasileño de 1990, en el cual se modificó el alcance de la mencionada acción civil, para abarcar los intereses colectivos y difusos de los consumidores.

Disimilitud
entre los intereses
colectivos
y difusos

- Opinión doctrinaria

- Criterio de la jurisprudencia venezolana

Capítulo II

Disimilitud entre los intereses colectivos y difusos

- Opinión doctrinaria

Con el pasar de los años, varias han sido las opiniones acerca de la definición concreta sobre los intereses difusos y colectivos, a tal punto, de llegar a confundir al tratar de definirlos, ya que ambos han sido tratados como sinónimos.

Espero hacer de este libro un texto lo suficientemente dinámico como para que logremos fácilmente identificar las diferencias; en el caso de Cappelltti y Garth (1996) señalan que:

> "...los intereses difusos son intereses colectivos, como la protección del aire limpio o la protección a los consumidores. El problema básico que presentan (la razón de que sean difusos) es que o bien nadie tiene el derecho

de remediar el daño al interés colectivo, o bien el interés de cada quien para remediar-lo es demasiado pequeño para inducirlo a emprender una acción".

Otros autores han sido un poco más objetivos en cuanto a su visión de ambos intereses. González (1995) ha diferenciado con mucha claridad el interés colectivo y el difuso, además de que este habla de un interés que denomina plural. La diferencia fundamental entre un interés y el otro es que, en el colectivo, a diferencia del difuso, existe una relación jurídica base entre los intereses.

Podemos destacar que entre ambos intereses existe un vínculo por el cual, normalmente, el interés colectivo es una concretización posterior, y en el tiempo, del interés difuso.

En el aspecto procesal se ha señalado que ambos intereses van a acceder a la protección jurisdiccional por una misma vía. La diferencia está en materia probatoria. En los colectivos, la prueba del interés, del perjuicio y de la relación de base, se hará mediante el instrumento o documento que sirve de fundamento a la relación de las partes. En cambio, en los difusos, se deberá tratar de probar, por todo medio, la relación de hecho y el interés.

Cuando se habla de distinción entre intereses colectivos y difusos, lo central es comprender que los últimos son típicos intereses de grupo, imputables a la colectividad organizada como un todo para la consecución de intereses propios a la categoría de pertenencia, y sus aspectos más fuertes radican en que a) componen una gran pluralidad de receptores, y b) Que esos sujetos no estén unificados en una colectividad, con determinación concreta de un sujeto organizado específico.[3]

En otras opiniones, podemos diferenciar los intereses colectivos de los intereses personales ya que no constituyen una simple suma de éstos, sino que son cualitativamente diferentes, pues afectan por igual y en común a todos los miembros del grupo y pertenecen por entero a todos ellos. Sin embargo, las dos tipologías de intereses coinciden en que pertenecen a una pluralidad de sujetos, una de ellas, cuando se habla de lo colectivo, debe ser determinada o circunscrita como una colectividad limitada.[4]

Como hemos comentado anteriormente, así como hay diferencias, sabemos que también hay muchas similitudes y yo diría en base a mi investigación que hay dos características comunes en ambos tipos de intereses: su transindividualidad y su naturaleza indivisible. Estas dos características significan, de acuerdo con Barbosa (1987, 74), *"que los interesados se hallan siempre en una especie de comunión tipificada por el hecho de que la satisfacción de uno solo implica necesariamente la satisfacción de todos, así como la lesión de uno solo constituye, ipso facto, lesión de la entera comunidad"*.

Consideran la solución a los conflictos en los que se manifiesten estos tipos de intereses, debe ser la misma para todas las personas que integran la comunidad. En

---

3 Jiménez (1990, 330).
4 Villegas afirma (1999, 263).

ambos casos estos corresponden a una comunidad de personas, pero la diferencia se hace consistir en que los intereses difusos pertenecen a una comunidad de personas indeterminadas, entre las cuales no existe una relación jurídica base.

Respecto a los intereses colectivos, la comunidad de personas sí es determinada o determinable, en la medida que dichas personas constituyen un grupo, una categoría o una clase, y en que, además, existe una relación jurídica base entre esas personas, o entre éstas y un tercero.

Barbosa (1987, 103) presenta los siguientes ejemplos:

«Se calificará como difuso, por ejemplo, el interés de los habitantes de cierta región en la preservación de la pureza del agua de los ríos que la bañan, indispensable para el uso personal y doméstico; sería colectivo, en cambio, el interés de los estudiantes de una universidad en la regularidad de las clases».

Frente a estos intereses transindividuales e indivisibles, el mismo artículo 81 del Código de Defensa del Consumidor Brasileño define los intereses individuales homogéneos como aquellos que siendo de carácter individual tienen, sin embargo, un "origen común". Estos intereses individuales son tratados colectivamente en virtud de ese origen, y pueden ser reclamados judicialmente por medio de una acción colectiva, para obtener la reparación de los daños sufridos individualmente por los consumidores. En este caso, cada miembro del grupo es titular de un interés individual, divisible por naturaleza, tanto que cada uno puede presentar su propia demanda a título personal.

La Ley de Enjuiciamiento Civil española promulgada el 7 de enero del 2000, y en vigencia a partir del 8 de enero de 2001, señala que la distinción se basa únicamente en el grado de determinación de los sujetos afectados: si los afectados están determinados o son fácilmente determinables, sus intereses son calificados como colectivos; si los afectados son indeterminados o de difícil determinación, sus intereses son considerados difusos.

En el derecho colombiano, los intereses colectivos y difusos se engloban dentro de los colectivos, la distinción se hace entre éstos y los intereses de grupo, que corresponden a los intereses individuales homogéneos del derecho brasileño. El artículo 88 de la Constitución Política de Colombia de 1991 establece las bases para la tutela de los intereses colectivos y los intereses *de grupo* en sus párrafos primero y segundo, respectivamente:

> *"La ley regulará las acciones populares para la protección de los derechos e intereses colectivos, relacionados con el patrimonio, el espacio, la seguridad y la salubridad públicos, la moral administrativa, el ambiente, la libre competencia económica y otros de similar naturaleza que se definan en ella. También regulará las acciones originadas en*

los daños ocasionados a un número plural de personas, sin perjuicio de las correspondientes acciones particulares".

También, en la legislación Colombiana la Ley 472 de 1998 regula las acciones populares; a través de ella, se tutelan los intereses colectivos que se señalan en el artículo 4, así como las acciones de grupo, a las que el artículo 3define en los siguientes términos:

"Son aquellas acciones interpuestas por un número plural o un conjunto de personas que reúnan condiciones uniformes respecto de una misma causa que originó perjuicios individuales para dichas personas. Las condiciones uniformes deben tener también lugar respecto de todos los elementos que configuran la responsabilidad. La acción de grupo se ejercerá exclusivamente para obtener el reconocimiento y pago de indemnización de los perjuicios".

Las leyes colombianas hacen la división entre los intereses colectivos, en los que quedan incluidos los difusos y los intereses de grupo, que corresponden a lo que en el derecho brasileño son los intereses individuales homogéneos. La distinción entre los intereses colectivos y los difusos tiene cierta relatividad, pues en ambos casos se trata de intereses supraindividuales de naturaleza indivisible.

Como señala González (1986, 34), *"...entre estos tipos de intereses no existe una diferencia ontológica, sino que la distinción se basa en el aspecto".*

Efectivamente, la contraposición fundamental es la que se manifiesta entre los intereses colectivos en sentido amplio o supraindividuales y los intereses individuales homogéneos, como los llama la legislación brasileña, o intereses de grupo, como los denomina la legislación colombiana. Como ha señalado Barbosa (1987, 98), *"los intereses colectivos en sentido amplio o supraindividuales son intereses esencialmente colectivos, en tanto que los intereses individuales homogéneos sólo son intereses accidentalmente colectivos."*

Cuando se trata de intereses esencialmente colectivos sólo es concebible un resultado uniforme para todos los interesados, y el proceso queda sujeto necesariamente a una disciplina caracterizada por la unitariedad; en que los intereses accidentalmente colectivos, una vez que en principio se tiene que admitir la posibilidad de resultados desiguales para los diversos participantes, la disciplina unitaria no deriva en absoluto de una necesidad intrínseca.

El derecho mexicano regula las acciones de grupo para la tutela de los derechos de los consumidores. A través de estas acciones, la Procuraduría Federal del Consumidor pueden demandar ante los tribunales competentes que declaren, mediante sentencia, que uno o varios proveedores han realizado una conducta que ha ocasionado daños y perjuicios a los consumidores, y condene a los proveedores a la reparación correspondiente. En un incidente los consumidores acreditarán su calidad de perjudicados y el monto de los daños y perjuicios a cuya reparación son merecedores.

Por medio de estas acciones, la Procuraduría Federal del Consumidor también puede demandar de los tribunales competentes un mandamiento para impedir, suspender o modificar las conductas de proveedores que ocasionen daños o perjuicios a los consumidores, o previsiblemente puedan ocasionarlos.

Tenemos pues que, en el derecho mexicano no se regulan en forma general las acciones colectivas, aunque sí prevén algunas específicas, como las que corresponden a los núcleos de población ejidal y comunal, para promover el juicio de amparo para la defensa de sus derechos colectivos agrarios contra actos de autoridad o bien, las acciones que se otorgan a los sindicatos y los patrones para plantear conflictos colectivos de naturaleza económica, para modificar las condiciones de trabajo o para implantarlas, suspenderlas o terminarlas.

- Criterio de la jurisprudencia venezolana

Al abordar este tema, es importante agregar que la Sala Constitucional en sentencia N° 656 de fecha 30-06-2000 dejo establecido:

"Son los intereses difusos los de mayor cobertura donde el bien lesionado es más generalizado, ya que atañe a la población en extenso, y que al contrario de los derechos

e intereses colectivos surgen de una pres-
tación de objeto indeterminado; mientras
que en lo colectivo la prestación puede ser
concreta pero exigible por personas no indi-
vidualizables."

Rondón (1996) tiene en relación con el concepto de estos tipos de interés, criterio diametralmente opuesto, pues estima que el interés es colectivo cuando está referido a grupos humanos en general que afecta sujetos no determinados (justicia, buena marcha de la administración, buen uso de los recursos públicos, aprovechamiento natural de los recursos) y este interés colectivo se convierte en difuso cuando radica en personas que aducen su lesión directa por encontrarse en una específica situación de hecho frente al acto u omisión de un organismo público.

Tal criterio se encuentra expuesto en sentencia de la Sala Político Administrativa de la Corte Suprema de Justicia de fecha 02-05-1996, caso *Petróleos de Venezuela*, en la que bajo su ponencia se afirmó:

"...No puede confundirse la noción del inte-
rés difuso con la del interés colectivo, aun
cuando entre ellas exista una relación de
especie a género, ya que este último está
representado por el interés colectivo y la es-
pecie es el interés difuso (...) el interés co-
lectivo es el de toda la comunidad (interés
a la seguridad pública; a la puntualidad del

transporte colectivo; a la eficiencia de los hospitales; a la idoneidad de los maestros; a la pureza del aire, etc.) en cuanto que el interés difuso es el de un grupo particularmente afectado por un acto concreto de la Administración, grupo éste, cuyos integrantes si bien no están identificados uno a uno ni tampoco puede cuantificarse su entidad, si son perfectamente ubicables en un tiempo y lugar específicos."

Posteriormente, la Sala Constitucional en fecha 17-05-2001, en sentencia N°770 caso: Defensoría del Pueblo, logra delimitar la diferencia entre el interés difuso, y el colectivo, y lo deja expuesto de la siguiente manera:

"…. Esta Sala considera que lo que diferencia el interés difuso del interés colectivo es que este último, en cuanto a la naturaleza es mucho más concreto para un grupo humano determinado, mientras que el primero es mucho más abstracto no solo para el que lo detenta sino para el obligado. En efecto, los intereses colectivos se asemejan a los intereses difusos en que pertenecen a una pluralidad de sujetos, pero se diferencian de ellos en que se trate de un grupo más o menos determinable de ciudadanos, perseguible de manera unificada, por tener dicho grupo unas características y aspiraciones sociales comunes; y a su vez, tales intere-

ses colectivos se diferencian de los intereses personales, ya que no constituyen una simple suma de estos sino que son cualitativamente diferentes, pues afectan por igual y en común a todos los miembros del grupo y pertenecen por entero a todos ellos".

Así, se puede decir que la diferencia fundamental entre un interés y el otro es que el colectivo a diferencia del difuso, presenta una relación jurídica base entre los interesados, o entre éstos y un tercero.

Los intereses difusos corresponden a una comunidad de personas indeterminadas, en las cuales no existe una relación jurídica o vinculo que los relacione entre sí, mientras que por su parte los intereses colectivos corresponden a una comunidad de personas determinada o determinable, siempre y cuando ese grupo de personas constituyan una clase, categoría y que además tengan algún tipo de vínculo o relación jurídica entre ellos, y el tercero que es contra quien se intenta la pretensión.

Legitimación
Activa

- Legitimación a la causa   - Legitimación al proceso

Capítulo III

Legitimación Activa

- Legitimación a la causa

Conforme a la concepción clásica, los autores siempre han destacado que, a diferencia de la capacidad, que es un presupuesto genérico —común a cualquier tipo de pretensión de tutela jurídica que se ejercite—, la legitimación hace siempre referencia a una determinada relación del sujeto con la situación jurídica sustancial que se deduce en juicio.

Según Cabanellas (1979, 182), legitimación *"...es la acción o efecto de legitimar. Justificación o probanza de la verdad o de la calidad de una cosa".*

Asimismo, Romberg (1992), se refiere a la legitimación como la cualidad necesaria de las partes. Así las cosas, el mismo autor manifiesta que el proceso no debe instaurarse indiferentemente entre cualquier sujeto, sino precisamente entre aquellos que se encuentran frente a la relación material o interés jurídico controvertido en la posición subjetiva de legítimos contradictores, por afirmarse titulares activos y pasivos de la acción.

Es importante referirse a la cualidad, también denominada legitimación a la causa, que deben tenerla tanto el demandante como el demandado, así como también cualquier otro que pretenda hacerse parte en el juicio o intervenir en él, trayendo como consecuencia su carencia de inadmisibilidad de la pretensión o bien su improcedencia en la sentencia de mérito, es allí donde radica la importancia de determinar la legitimación.

Es preciso citar a Henríquez (2005, 126):

La relación de las partes con el proceso y con la causa (controversia) la analizaremos inmediatamente, al hilo de los siguientes epígrafes.
Parte formal, parte sustancial y sujeto de la acción.
El estudio de la capacidad no contempla el análisis del concepto de parte. Es necesario tener en cuenta la cualidad con la que intenta el juicio o es llamado a él. De allí que sea primordial abstraer aquí el concepto de cuya cualidad o legitimación a la causa, y los casos excepcionales que la ley prevé. Para comprender cabalmente esta institución procesa, conviene distinguir entre parte formal, parte sustancial y sujeto de la acción. La parte formal es aquella que integra la relación

jurídica formal, o sea el proceso, y por tanto son partes formales el demandante y el demandado y los terceros que ya han ingresado al proceso, voluntaria o forzosamente.

Parte sustancial es el sujeto que integra la relación jurídica sustancial controvertida (causa). Así en un juicio de impugnación de paternidad, serán partes sustanciales el hijo, la madre y el reputado padre demandante. En una obligación cartular serán partes sustanciales, al menos, el beneficiario y el aceptante de la letra de cambio o el cheque; en un contrato de préstamos, el prestamista y el prestatario, etc.

Sujeto de la acción es aquella persona que, aunque carece de la cualidad de parte sustancial, puede sin embargo, ser parte formal, pues está legitimado por la ley, en razón de su interés material, para intentar la demanda; como por ej. La nulidad de un desposorio pueden intentarla los ascendientes de los cónyuges. (art 117).

En tal sentido, la Constitución del 1999, ha garantizado expresamente el derecho de las personas de acceder a la justicia para hacer valer sus derechos o intereses, incluso los colectivos o difusos específicamente en su artículo 26:

"Toda persona tiene derecho de acceso a los órganos de administración de justicia para

hacer valer sus derechos e intereses, inclu-
so los colectivos o difusos, a la tutela efecti-
va de los mismos y a obtener con prontitud la
decisión correspondiente.
El Estado garantizará una justicia gratuita,
accesible, imparcial, idónea, transparen-
te, autónoma, independiente, responsable,
equitativa y expedita, sin dilaciones indebi-
das, sin formalismos o reposiciones inútiles"

Lo repite el artículo 18, párrafo 2° de la Ley Orgánica del Tribunal Supremo de Justicia:

"Toda persona tiene derecho a acceso al Tri-
bunal Supremo de Justicia en cualesquiera
de sus Salas, para hacer valer sus derechos
e intereses, inclusos los colectivos o difusos,
a la tutela efectiva de los mismos y a obtener
con prontitud la decisión correspondiente"

En la sentencia N° 656 de fecha 05-06-2001, la Sala Constitucional del Tribunal Supremo de Justicia, Caso: Defensor del Pueblo vs. Comisión Legislativa Nacional, ha dado un mismo tratamiento uniforme a los titulares de los intereses colectivos o difusos argumentando lo siguiente:

"Cuando los derechos y garantías constitu-
cionales que garantizan al conglomerado

(ciudadanía) en forma general una aceptable calidad de vida (condiciones básicas de existencia), se ven afectados, la calidad de vida de toda una comunidad o sociedad en sus diversos aspectos se ve desmejorada, y surge en cada miembro de esa comunidad un interés en beneficio de él

y de los otros componentes de la sociedad en que tal desmejora no suceda, y en que sí ya ocurrió sea reparada. Se esta entonces ante un interés difuso (que genera derechos), porque se difunde entre los individuos de la comunidad, aunque a veces la lesión a la calidad de la vida puede restringirse a grupos de perjudicados individualizables como sectores que sufren como entes sociales, como pueden serlo los habitantes de una misma zona, o los pertenecientes a una misma categoría, o los miembros de gremios profesionales, etc. Sin embargo, los afectados no serán individuos particularizados, sino una totalidad o grupos de personas naturales o jurídicas, ya que los bienes lesionados, no son susceptibles de apropiación exclusiva por un sujeto...

Con los derechos e intereses difusos o colectivos, no se trata de proteger clases sociales como tales, sino un número de individuos que pueda considerarse que representa a toda o a un segmento cuantitativamente importante de la sociedad, que antes los embates contra su calidad de vida se sienten afectados en sus derechos y garantías cons-

*titucionales destinados a mantener el bien
común, y que en forma colectiva o grupal se
van disminuyendo o desmejorando, por la
acción u omisión de otras personas...*

*Independientemente del concepto que rija
al derecho o interés difuso, como parte que
es de la defensa de la ciudadanía, su finalidad es satisfacer necesidades sociales o
colectivas, antepuestas a las individuales.
El derecho o interés difuso, debido a que la
lesión que lo infringe es general (a la población o a extensos sectores de ella), vincula
a personas que no se conocen entre sí, que
individualmente pueden carecer de nexo o
relaciones jurídicas entre ellas, que en principios son indeterminadas, unidas sólo por
la misma situación de daño o peligro en que
se encuentran como miembros de una sociedad , y por el derecho que en todos nace
de que se les proteja la calidad de la vida,
tutela por la constitución...*

*Es la afectación o lesión común de la calidad
de vida, que atañe a cualquier componente
de la población o de la sociedad como tal,
independientemente de las relaciones jurídicas que puedan tener con otros de esos
indeterminados miembros, lo que señala el
contenido del derecho e interés difuso.*

*Pero es esa defensa del bien común afec-
tado, el que hace nacer en los miembros de
la sociedad un interés procesal que les permite accionar, a causa de la necesidad de
exigir al órgano jurisdiccional que mantenga*

la calidad de vida, si es que el lesionante se la niega…

Si bien es cierto que hay bienes jurídicos transpersonales o suprapersonales, en contraposición con los individuales, no es menos cierto que el derecho o interés difuso se refiere a un bien que atañe a todo el mundo, a personas que, en principio, no conforman un sector poblacional identificable e individualizado, sino que es un bien asumido por los ciudadanos (pluralidad de sujetos), que sin vínculo jurídico entre ellos, se ven lesionados o amenazados de lesión. Ellos se fundan en hechos genéricos, contingentes, accidentales o mutantes que afectan a un número indeterminado de personas y que emanan de sujetos que deben una prestación genérica o indeterminada. Los daños al ambiente o a los consumidores, por ejemplo, así ocurran en una determinada localidad, tienen efectos expansivos que perjudican a los habitantes de grandes sectores del país y hasta del mundo, y responden a la prestación indeterminada de protección al ambiente o de los consumidores. Esa lesión a la población, que afecta con mayor o menor grado a todo el mundo, que es captado por la sociedad conforme al grado de conciencia del grupo social, es diferente a la lesión que se localiza concretamente en un grupo, determinable como tal, aunque no cuantificado o individualizado, como serían los habitantes de una zona del país afectados por una construcción ilegal que genera problemas de servicios públicos en la zona. Estos intereses concretos, focalizados, son los colectivos, referidos a un sector poblacional determinado (aunque no cuantificado) e identificable, aunque individualmente, dentro del conjunto de personas existe o puede existir un vínculo jurídico que los une entre ellos. Ese es el caso de las lesiones a grupos profesionales, a grupos de vecinos, a los gremios, a los habitantes de un área determinada, etc. A estos intereses focalizados se contraponen los que afectan sin distingo a todo el mundo, o a amplias categorías o capas de la población, así la mayoría no se sienta lesionada, ya que muchas veces la cultura colectiva que es la que permite concientizar la lesión, puede fallar en reconocerla. Son los difusos los de mayor cobertura, donde el bien lesionado es más generalizado, ya que atañe a la población en extenso, y que al contrario de los derechos e intereses colectivos, surgen de una prestación de objeto indeterminado; mientras que en los colectivos, la prestación puede ser concreta, pero exigible por personas no individualizables.

Consumidores son todos los habitantes del país. El daño a ellos como tales, atiende a un bien supra individual o supra personal, y a una prestación indeterminada a favor de ellos, por los manipuladores de bienes y servicios, Su calidad de vida se disminuye, tomen o no conciencia de ello, ya que mu-

chos mecanismos de comunicación masiva podrían anular o alterar la conciencia sobre la lesión. El interés de ellos, o de los afectados, por ejemplo por los daños al ambiente, es difuso, e igual es el derecho que les nace para precaver o impedir el daño.

El interés de los vecinos de una urbanización, o un barrio, que se ve desmejorado en sus servicios públicos por una construcción, por ejemplo, también responde a un bien jurídico supra personal, pero es determinable, localizable en grupos específicos, y ese es el interés que permite la acción colectiva. Ese es el interés colectivo, él da lugar a los derechos colectivos, y puede referirse a un objeto jurídico determinado.

Lo que sí es cierto en ambos casos (difusos y colectivos) es que la lesión la sufre el grupo social por igual, así algunos no se consideren dañados porque consienten en ella, estando esta noción en contraposición a la lesión personal dirigida a un bien jurídico individual. Esta diferencia no impide que existan lesiones mixtas que un mismo hecho toque a un bien jurídico individual y a uno supraindividual".

También, en estos casos, como lo ha precisado la Sala Constitucional en sentencia del 31-08-2000, para hacer valer derechos e intereses difusos o colectivos, es necesario que se conjuguen los siguientes factores:

1. Que el que acciona lo haga en base no sólo a su derecho o interés individual, sino en función del derecho o interés común o de incidencia colectiva.

2. Que la razón de la demanda (o del amparo interpuesto) sea la lesión general a la calidad de vida de todos los habitantes del país o de sectores de él, ya que la situación jurídica de todos los componentes de la sociedad o de sus grupos o sectores, ha quedado lesionada al desmejorarse su calidad común de vida

3. Que los bienes lesionados no sean susceptibles de apropiación exclusiva por un sujeto (como lo sería el accionante).

4. Que se trata de un derecho o interés indivisible que comprenda a toda la población del país o a un sector o grupo de ella.

5. Que exista un vínculo, así no sea jurídico, entre quien demanda e interés general de la sociedad o de un sector de ella (interés social común), nacido del daño o peligro en que se encuentra la colectividad (como tal). Daño o amenaza que conoce el Juez por máximas de experiencia, así como su posibilidad de acaecimiento.

6. Que exista una necesidad de satisfacer intereses sociales o colectivos, antepuestos a los individuales.

7. Que el obligado deba una prestación indeterminada, cuya exigencia es general.

Es evidente, que en criterios constitucionales precedentes se preocupaban abrumadoramente por la protección y reconocimiento de los derechos individuales, ubicado dentro del Estado de Derecho reinante, el derecho de los individuos y no el de estos como grupo organizado, es decir, si bien es cierto que se reconocían derechos sociales, no menos cierto es que su efectividad estaba supeditada a la protección individualizada de cada uno de los sujetos, negándose que el conjunto de individuos pudiera alegarlo y menos aún, ejercer las garantías destinadas a su protección.

-Legitimación al proceso

Se consideraba en un principio que para obtener efectiva tutela judicial de un derecho o interés se estimaba suficiente el ejercicio individual del mismo y se dejaba a un lado la tutela de los intereses colectivos y difusos, pues esta representación solo podía ser asumida por los órganos estatales creados a esos efectos y en base al principio de la representatividad.

Los autores Pérez y Ruggeri (1983, 74), expresan que:

"..ante la afectación del interés individual, nadie más apropiado que el afectado para intentar una acción en justicia para su res-tauración, pero si la disatisfacción era com-partida por centenares de usuarios, el Es-tado se contentaba en dar como repuesta

su propia representación, como gestor del bien común, representación ésta que resultaba limitada, desde que es el mismo el que produce a través de otro de sus órganos, la afectación indebida, y es posible que los funcionarios no se sientan concernidos".

En efecto, la regla fundamental para determinar la legitimación en el proceso, señala que quien afirma ser titular de un interés jurídico, propio, tiene legitimación activa para hacerlo valer en juicio y la persona contra quien se afirma la existencia de ese interés, en nombre propio, tiene a su vez, legitimación para sostener el juicio, es decir pasiva.[5]

La Sala Constitucional del Tribunal Supremo de Justicia, en la sentencia N° 2.177, de fecha 12-09-2002 estableció:

"La legitimación activa en una acción de amparo la tienen, en principio, quienes hayan sido directamente afectados en sus derechos constitucionales , y no los que tengan un simple interés en que la misma sea procedente, salvo cuando, se trate de un habeas corpus, en donde la legitimación activa deja de ser determinada por la afectación directa para ser extendida a cualquier persona, que actué en nombre del afectado, o cuando se trate de personas colectivas e intereses difu-

5 Rengel (1992).

sos conforme lo dispone el artículo 27 de la constitución de la República Bolivariana de Venezuela y el artículo 41 de la Ley Orgánica de Amparo".

Es importante resaltar que el ejercicio de los intereses colectivos y difusos sobrepasan los límites denominados como propio, pues debe ser un interés que se escapa de la individualidad personal, para traspolarse a un interés de varias personas, supra individual, los cuales lo sienten en si como propio de un colectivo.

Tal y como lo establece Barbosa (1987, 42):

"La lesión de uno solo de los sujetos constituye, ipso facto, lesión entera de la comunidad, y la satisfacción de uno solo implica necesariamente la satisfacción de todos. La manera de satisfacer al individuo, es satisfacer la pluralidad; satisfaciendo la pluralidad se satisface la individualidad".

Tomando como premisa lo dispuesto por el mencionado jurista, queda claro que una vez afectado un derecho o interés colectivo o difuso, nace una relación material inmediata entre los titulares del interés afectado y aquel quien afectó el interés, trayendo como consecuencia la habilitación de los primeros para acudir al órgano jurisdiccional en busca de tutela judicial efectiva.

El problema de la legitimación atraviesa una doble perspectiva que concatena las soluciones factibles a adoptar. Para unos, dicho problema se resuelve con la creación de organismos específicos; mientras que, para otros, basta la adaptación de mecanismos ya existentes.

A nivel de la legislación comparada, partiendo de dos indicativas, se ha logrado un ensanchamiento en la franja del remedio procesal. En primer lugar, agrega Barbosa (1987, 56), reconociendo el derecho a litigar:

> *"1) A cualquiera de estos individuos que están personalmente afectados, pero tan sólo "para vivificar su propio interés". Con lo que la que la problemática típica de los intereses difusos, se ha perdido, frente a la tradicional temática de la legitimación. Solución que es manifiestamente insatisfactoria. La lucha del ciudadano aislado contra los responsables del acto que pongan en peligro intereses difusos es abiertamente desigual,*

> *2) O bien, al Estado, o sus variantes (Defensoría del Pueblo, etc.) parten de la idea tradicional, de que los intereses públicos, corresponden ser defendidos por el Estado. Sin embargo, ante las nuevas condiciones socio-económicas, estos instrumentos legales aparecen como notoriamente insuficientes; es por ello, que somos del criterio que la legitimación de los derechos e intereses difusos la detenta tanto el Estado venezolano,*

a través de sus instituciones legal y constitu-
cionalmente habilitadas para ello, como toda
persona domiciliada en el país, salvo las ex-
cepciones legales".

Por tal razón, debía pensarse en la representación privada de esos intereses y esto es precisamente, lo que se deriva del artículo 26 de la Constitución del año 1999; es decir, que hoy al lado de la representación de estos intereses que hace el propio estado (a través de la Defensoría del Pueblo, el Ministerio Público) se reconoce la posibilidad de que sean particulares los que acudan a la administración de justicia para hacer valerlos.

Y es que el problema de la legitimación no consiste en determinar si ese concreto interés existe o no, según pertenezca o no a un determinado o determinados sujetos, sino en ver quién es el portador legítimo que, aun perteneciendo a muchos, goza de autonomía, y la solución estriba en responder la siguiente pregunta: ¿A quién reconocerá la ley legitimación para representar los intereses de los grupos ante los tribunales de justicia?

La constitución nacional de la República Bolivariana de Venezuela, en el artículo 27 establece:

Artículo 27. *Toda persona tiene derecho a*
ser amparada por los tribunales en el goce
y ejercicio de los derechos y garantías cons-
titucionales, aun de aquellos inherentes a
la persona que no figuren expresamente en

esta Constitución o en los instrumentos internacionales sobre derechos humanos.

El procedimiento de la acción de amparo constitucional será oral, público, breve, gratuito y no sujeto a formalidad, y la autoridad judicial competente tendrá potestad para restablecer inmediatamente la situación jurídica infringida o la situación que más se asemeje a ella. Todo tiempo será hábil y el tribunal lo tramitará con preferencia a cualquier otro asunto.

La acción de amparo a la libertad o seguridad podrá ser interpuesta por cualquier persona, y el detenido o detenida será puesto o puesta bajo la custodia del tribunal de manera inmediata, sin dilación alguna.

El ejercicio de este derecho no puede ser afectado, en modo alguno, por la declaración del estado de excepción o de la restricción de garantías constitucionales.

Por su parte, el artículo 1º de la Ley Orgánica de Amparo sobre Derechos y Garantías Constitucionales establece que: *"solo podrán intentar acciones de amparo constitucional las personas que estén domiciliadas dentro del territorio venezolano"*, situación que queda actualmente sin efecto alguno por ser esta disposición contraria a la constitución Nacional. Al consagrar la nueva constitución del 1999, toda persona —este término incluye tanto persona natural, jurídica o moral, así como extranjeros— debe ser amparada en el ejercicio de sus derechos, y así lo acogió el Tribunal Supremo de Justicia, reiteradamente al disponer el siguiente criterio en sentencia de la Sala Constitucional de fecha 30-06-2000:

> *"Dada la diferencia entre intereses colectivos y difusos, la acción (sea de amparo o específica) para la protección de los primeros la tienen tanto la defensoría del Pueblo dentro de sus atribuciones, como toda persona domiciliada en el país, salvo las excepciones legales; mientras que la de los intereses colectivos además de la defensoría del pueblo, la tiene cualquier miembro del grupo o sector que se identifique como componente de esa colectividad específica y actúe en defensa del colectivo. Tanto particulares como personas jurídicas cuyo objeto sea la protección de tales intereses podrán incoar las acciones y la legitimación en todas estas acciones es variable, de acuerdo a la naturaleza de las mismas..."*

La legitimación estatal de los organismos públicos a los cuales hacemos mención lo encontramos reflejados en la Constitución Bolivariana de Venezuela, específicamente en los siguientes artículos:

Artículo 280. *La Defensoría del Pueblo tiene a su cargo la promoción, defensa y vigilancia* *de los derechos y garantías establecidos en esta Constitución y los tratados internacionales sobre derechos humanos, además de los intereses legítimos, colectivos y difusos, de los ciudadanos.*

La Defensoría del Pueblo actuará bajo la dirección y responsabilidad del Defensor o Defensora del Pueblo, quien será designado o designada por un único período de siete años. Para ser Defensor o Defensora del Pueblo se requiere ser venezolano o venezolana, mayor de treinta años, con manifiesta y demostrada competencia en materia de derechos humanos y cumplir con las exigencias de honorabilidad, ética y moral que establezca la ley. Las faltas absolutas y temporales del Defensor o Defensora del Pueblo serán cubiertas de acuerdo con lo dispuesto en la ley.

Artículo 281. *Son atribuciones del Defensor o Defensora del Pueblo:*
[omissis]
2. Velar por el correcto funcionamiento de los servicios públicos, amparar y proteger los derechos e intereses legítimos, colectivos o difusos de las personas, contra las arbitrariedades, desviaciones de poder y errores cometidos en la prestación de los mismos, interponiendo cuando fuere procedente las acciones necesarias para exigir al Estado el resarcimiento a las personas de los daños y perjuicios que les sean ocasionados con

motivo del funcionamiento de los servicios públicos.

Artículo 285. *Son atribuciones del Ministerio Público:*

1. Garantizar en los procesos judiciales el respeto de los derechos y garantías constitucionales, así como de los tratados, convenios y acuerdos internacionales suscritos por la República.

2. Garantizar la celeridad y buena marcha de la administración de justicia, el juicio previo y el debido proceso.

3. Ordenar y dirigir el trabajo penal de la perpetración de los hechos punibles para hacer constar su comisión con todas las circunstancias que puedan influir en la calificación y responsabilidad de los autores y demás participantes, así como el aseguramiento de los objetos activos y pasivos relacionados con la perpetración.

4. Ejercer en nombre del Estado la acción penal en los casos en que para intentarla o proseguirla no fuere necesario instancia de parte, salvo las excepciones establecidas en la ley.

5. Intentar las acciones a que hubiere lugar para hacer efectiva la responsabilidad civil, laboral, militar, penal, administrativa o disciplinaria en que hubieren incurrido los funcionarios o funcionarias del sector público, con motivo del ejercicio de sus funciones.

6. Las demás que le atribuyan esta Constitución y la ley.

Nuestro Tribunal Supremo de Justicia, a través de su Sala Constitucional, en Sentencia de fecha 19 de febrero de 2002, Caso 279. Exp. N°. 02-0093, al referirse a la legitimación ad procesum del Ministerio Público, juzga que no debe resultar admisible, pues no se deduce que dicho organismo actúe de conformidad con las atribuciones que expresamente le confiere la Constitución; por el contrario, establece que la Defensoría del Pueblo es la única que ostenta dicha legitimación, visto que su función y atribuciones responden a un interés plural, esto es, la de intereses legítimos individuales de sujetos que se encuentran en una misma situación, ello, a la luz de la Carta Fundamental; criterio del cual se difiere, por cuanto no se puede ni se debe limitar o restringir la actuación del Ministerio Público como ente que garantice el fiel cumplimento de los derechos y garantías constitucionales así como de los Tratados y Acuerdos Internacionales, además de las otras atribuciones contenidas en el artículo 285 de la Constitución Nacional.

Este órgano atiende una característica de relevancia como lo es el ser el único titular de la pretensión en materia penal, inclusive a tenor de lo dispuesto en el artículo 46 del Código Orgánico Procesal Penal, que establece:

> **Artículo 46.** *Intereses público y social.*
> *Cuando se trate de delitos que han afectado el patrimonio de la República, de los Estados o de los Municipios, la acción civil será ejercida por el Procurador General de la República, o por los Procuradores de los Estados o por los Síndicos Municipales, res-*

pectivamente, salvo cuando el delito haya sido cometido por un funcionario público en el ejercicio de sus funciones, caso en el cual corresponderá al Ministerio Público.

Cuando los delitos hayan afectado intereses colectivos o difusos la acción civil será ejercida por el Ministerio Público.

Cuando en la comisión del delito haya habido concurrencia de un particular con el funcionario público, el ejercicio de la acción civil corresponderá al Ministerio Público.

El Procurador General o el Fiscal General de la República, según el caso, podrán decidir que la acción sea planteada y proseguida por otros órganos del Estado o por entidades civiles.

Se puede apreciar, de manera clara, que en los delitos que afectan intereses colectivos o difusos, la acción civil la debe ejercer el Ministerio Público y no cualquier persona lesionada por el hecho punible, así que mal puede excluírsele del ejercicio procesal en la búsqueda de la tutela efectiva de un interés difuso o colectivo, y a establecer tal criterio vinculante a sabiendas que las normas constitucionales deben ser interpretadas de manera progresiva, y teniendo como norte el engrandecimiento del estado Social de Derecho y de Justicia; un sistema que persigue un equilibrio social permitiendo el desenvolvimiento de una buena calidad de vida y en el que se dota a todos los habitantes de mecanismos de control para que ellos mismos tutelen dicha calidad de vida, o en su defecto lo haga el mismo

Estado a través de sus organismos, de acuerdo a sus funciones.

Tanto particulares como personas jurídicas cuyo objeto sea la protección de tales intereses, podrán incoar las acciones, y la legitimación en todas estas acciones es variable, de acuerdo a la naturaleza de las mismas, de allí que la ley puede limitar la acción en determinadas personas o entes. Sin embargo, la Constitución de la República Bolivariana de Venezuela otorgó expresamente a la Defensoría del Pueblo, en su artículo 281, numerales 2 y 3, la facultad para velar por el buen funcionamiento de los servicios públicos así como el interés procesal y la legitimación de derecho, para ejercer este tipo de acciones judiciales frente a una situación como la ahora analizada, pero consideramos como se explicará que el Ministerio Público también se encuentra en una situación legítima para accionar y pretender tales intereses.

Entonces, cualquier persona capaz que quiera impedir el daño a la población o a sectores de ella, puede intentar una acción con el objeto de tutelar un interés colectivo o difuso, según sea el caso. Por ende, la legitimación cuando se trata de intereses difusos no requiere que el accionante tenga un vínculo previo con el ofensor, sino que debe invocar su derecho o interés compartido con la ciudadanía, no necesariamente es requisito haber sufrido una lesión o estarla sufriendo, sino que también el temer la lesión legítima al accionante con lo cual se excluye de legitimación a quienes no estén domiciliados en el país o que no puedan ser alcanzados por la lesión.

Al analizar lo expuesto anteriormente, se puede señalar como legitimados activos en materia de intereses colectivos y difusos a: la Defensoría del Pueblo, el Ministerio Público, los entes públicos especialmente designados por ley a estos efectos; y partiendo de la idea de quién reivindica un interés colectivo o difuso, reivindica un interés en parte propio (del cual es titular) y en parte compartido, todos y cada uno los particulares sin distinción alguna, siempre que cumplan con las exigencias antes señaladas.

El carácter amplio que debe dársele a la interpretación del artículo 26 de la Constitución permite establecer como legitimados igualmente, tal como es el criterio del Tribunal Supremo de Justicia, a las asociaciones, sociedades, fundaciones, cámaras, sindicatos y demás entes colectivos cuyo objeto sea la defensa de la sociedad, para la tutela de los intereses colectivos, siempre que obren dentro de los límites de sus objetivos societarios.

Procedimiento
para el trámite

- Tribunal competente
- Requisitos de admisión
- Requisitos de procedencia y tramitación

Capítulo IV

Procedimiento para el trámite

- Tribunal competente

La competencia se puede definir legalmente como la medida de la jurisdicción que ejerce en concreto el juez en razón de la materia, valor de la demanda y del territorio. Es por ello que el demandante, al momento de proponer su pretensión debe observar las normas de la competencia, para interponerla por ante el tribunal indicado, competente para tramitar y resolver lo conocido conforme a derecho, garantizando así una tutela judicial efectiva.

A partir del conocimiento del tipo de pretensiones que vinculen intereses colectivos y difusos, por su relativa novedad, no estaban regulados, en el ordenamiento jurídico positivo vigente, y fue el Tribunal supremo de Justicia, a través del tratamiento jurisprudencial quien, de forma cónsona al derecho positivo, ha venido delimitando y pautado las directrices al respecto.

De tal forma, el Tribunal Supremo de Justicia en su

sala Constitucional se atribuyó de forma exclusiva la competencia para conocer de estos asuntos, tal y como quedó establecido en sentencia de la Sala Constitucional del Tribunal Supremo de Justicia de fecha 30-06-2000, caso: Dilia Parra, con ponencia del Magistrado Dr. Jesús Eduardo Cabrera:

> *"Estos derechos de defensa de la ciudadanía vienen a ser el desarrollo de valores básicos de la Constitución de la República Bolivariana de Venezuela, tales como el logro del bien común (señalado como fin del Estado en el Preámbulo de la Constitución), el desarrollo de una sociedad justa, o la promoción de la prosperidad y bienestar del pueblo (artículo 3 ejusdem), se trata de derechos orientados hacia esos valores. En consecuencia, su declaración por los órganos jurisdiccionales es una forma inmediata y directa de aplicación de la Constitución y del derecho positivo, y siendo la interpretación del contenido y alcance de estos principios rectores de la Constitución, la base de la expansión de estos derechos cívicos, que permiten el desarrollo directo de los derechos establecidos en la carta fundamental (derechos fundamentales), debe corresponder a la Sala Constitucional del Tribunal Supremo de Justicia, el conocimiento de las acciones que ventilen esos derechos, mientras la ley no lo atribuya a otro tribunal; tal como lo hace el artículo 46 del Código Orgánico Procesal Penal, el artículo 102 de la Ley Orgánica de Ordenación Urbanística,*

o el artículo 177 de la Ley Orgánica para la Protección del Niño y del Adolescente. Mientras la ley no regule y normalice los derechos cívicos con que el Estado Social de Derecho —según la vigente Constitución— se desenvuelve, es a la Sala Constitucional, debido a que a ella corresponde con carácter vinculante la interpretación de la Constitución (artículo 335 ejusdem), y por tratarse del logro inmediato de los fines constitucionales, a la que por esa naturaleza le compete conocer de las acciones para la declaración de esos derechos cívicos emanados inmediatamente de la Carta Fundamental, y así se declara. De esta manera, ni el contencioso administrativo, ni la justicia ordinaria o especial, son competentes para declarar y hacer efectivos estos derechos, a menos que la ley lo señale expresamente en sentido contrario.

Ahora bien, ¿cómo se ejercen y cuáles son esos derechos? Ellos son varios, entre los que se encuentran los derechos e intereses difusos o colectivos a que se refiere el artículo 26 de la vigente Constitución, así como otros no recogidos en dicho artículo, como los que se ventilan mediante las acciones populares o las de participación ciudadana.

La exclusividad auto atribuida por la Sala Constitucional del Tribunal Supremo de Justicia, lejos de facilitar el ejercicio y tutela de estos de derechos e intereses, más bien dificulta su acceso, pues con ello, se obstaculiza la materialización de este tipo de pretensiones, y como es sabido por todos, es solo una la Sala Constitucional, con lo cual se deja en una situación de desigualdad jurídica a todos aquellos interesados en proponer una de estas pretensiones y que no habiten en la capital de la república, sede está de la Sala Constitucional del Tribunal Supremo de Justicia, único tribunal competente para el conocimiento, trámite y decisión de este tipo pretensiones donde se ventile algún interés difuso o colectivo.

Ahora bien posteriormente, y debido a la evolución necesaria del derecho y su consagración legislativa, se promulga una reforma a la Ley Orgánica del Tribunal Supremo de Justicia, y en su artículo 25.21 le atribuye a la Sala Constitucional el conocimiento de las demandas y las pretensiones de amparo para la protección de intereses difusos o colectivos cuando la controversia tenga trascendencia nacional, salvo lo que dispongan leyes especiales y las pretensiones que, por su naturaleza, correspondan al contencioso de los servicios públicos o al contencioso electoral, que en dichos casos serán las salas respectivas las competentes para conocer y decidir dichas pretensiones.

De igual forma, es necesario señalar que en sentencia N° 3.648 del 19 de diciembre de 2003, la Sala Constitucional del Tribunal Supremo de Justicia sintetizó su doctrina en materia de derechos e intereses colectivos o difusos, en los términos siguientes:

(...) cabe recordar que, en sentencia N° 656, del 30 de junio de 2000, caso: D.P.G.,

*la Sala dispuso -entre otras cosas- que «(e)
l Estado así concebido, tiene que dotar a todos los habitantes de mecanismos de control para permitir que ellos mismos tutelen
la calidad de vida que desean, como parte
de la interacción o desarrollo compartido Es-
tado-Sociedad, por lo que puede afirmarse
que estos derechos de control son derechos
cívicos, que son parte de la realización de
una democracia participativa, tal como lo reconoce el Preámbulo de la Constitución de
la República Bolivariana de Venezuela (...)».*

En dicho fallo se establecen como caracteres resal-
tantes de los derechos cívicos, los siguientes:

1.- Cualquier miembro de la sociedad, con capacidad
para obrar en juicio, puede —en principio— actuar en
protección de los mismos, al precaver dichos derechos
el bien común.

2.- Que actúan como elementos de control de la calidad de la vida comunal, por lo que no pueden confundirse con los derechos subjetivos individuales que buscan
la satisfacción personal, ya que su razón de existencia
es el beneficio del común, y lo que se persigue con ellos
es lograr que la calidad de la vida sea óptima. Esto no
quiere decir que en un momento determinado un derecho subjetivo personal no pueda, a su vez, coincidir con
un derecho destinado al beneficio común.

3.- El contenido de estos derechos gira alrededor de

prestaciones, exigibles bien al Estado o a los particulares, que deben favorecer a toda la sociedad, sin distingos de edad, sexo, raza, religión, o discriminación alguna.

Entre estos derechos cívicos, ya ha apuntado la Sala, se encuentran los derechos e intereses difusos o colectivos, a que hace referencia el artículo 26 de la vigente Constitución, y respecto a los cuales en distintas oportunidades se ha pronunciado (ver, entre otras, sentencias números 483/2000, caso: Cofavic y Queremos Elegir; 656/2000, caso: D.P.; 770/2001, caso: Defensoría del Pueblo; 1571/2001, caso: Deudores Hipotecarios; 1321/2002, caso: M.F. y N.C.L.R.; 1594/2002, caso: A.G y otros; 1595/2002, caso: Colegio de Médicos del Distrito Metropolitano de Caracas; 2354/2002, caso: C.H.T.H.; 2347/2002, caso: Henrique Capriles Radonski; 2634/2002, caso: Defensoría del Pueblo; 3342/2002 y 2/2003, caso: F.R.; 225/2003, caso: C.P.V. y Kenic Navarro; 379/2003, caso: M.R. y otros; y 1924/2003, caso: O.N.S.A.).

Es por ello que al momento de la determinación del tribunal competente para el conocimiento de este tipo de pretensiones de AMPARO PARA LA TUTELA DE INTERESES COLECTIVOS Y DIFUSOS, se debe regir el alcance de la materia pretendida, además del interés a amparar por medio de dicho mecanismo, para así poder ejercer una acción en el tribunal competente al respecto, y a criterio de quien escribe, considero que la alegación de competencia de un tribunal que conozca el tipo de pretensiones que abarquen intereses colectivos y/o difusos, y fuere manifiestamente incompetente, este en aras de garantizar la tutela judicial efectiva del accionante, y tomando en cuenta además que se ventila un interés superior o supraindividual, se deberá declinar la competencia automáticamente ante el Juez Constitucional competente respectivo a fin de garantizar su trámite, decisión y por consiguiente la tutela judicial Efectiva consagrada en la Constitución Nacional.

- Requisitos de admisión

La vigente Ley Orgánica de Amparo sobre Derechos y Garantías Constitucionales no prevé un acto de admisión de la demanda, sino que en opinión de Ortiz (2001, 404):

> "—erróneamente, a nuestro parecer— regula en el artículo 6º unas llamadas "causales de inadmisibilidad" en una clara confusión entre lo que es "admisible" (del latín mittere que significa «darle entrada») y la "procedencia" que tiene que ver con la aptitud de la pretensión de ser tutelada en Derecho.
> Ante este vacío regulatorio de la admisión de la demanda de amparo es necesario acudir a las fuentes normativas supletorias, esto es, al Código de Procedimiento Civil en virtud de la remisión supletoria que, a dicho texto procesal, realiza el artículo 48 de esta ley, y si existiera alguna duda, por el claro mandato de aplicar las normas del Código de Procedimiento Civil a los procedimientos regulados en leyes especiales".

Al no haber una expresa regulación de la admisión de la demanda en el procedimiento de amparo, debe aplicarse el artículo 341 del Código de Procedimiento Civil, el cual permite la admisión de la demanda cuando ésta no sea contraria a la moral, las buenas costumbres o alguna disposición expresa de la Ley, y salvo los casos de improponibilidad manifiesta de la pretensión, que igualmente, darán como fruto que la demanda que se presenta sea inadmisible.

En decisión dictada el 1º de febrero de 2000, en el caso José Ángel Rodríguez, contra la Juez de Juzgado Séptimo de Primera Instancia para el Régimen Procesal Transitorio del Circuito Judicial Penal del Área Metropolitana de Caracas, Exp. 00-22651, Sentencia Nº 3, se señaló:

"La Ley Orgánica de Amparo sobre Derechos y Garantías Constitucionales no prevé la "admisión" de la demanda a los efectos de darle el trámite procedimental correspondiente, sino que impropiamente establece en el artículo 6º las llamadas "causales de inadmisibilidad" cuando en verdad se trata de "causales de improcedencia de la pretensión" puesto que las mismas sólo pueden decidirse al final del procedimiento y no in limine litis salvo los numerales 6º y 7º ejusdem; el verbo admitir proviene del latín mittere que significa "recibir, dar entrada". Ahora bien, cuando en un procedimiento de amparo constitucional se solicita una medida cautelar por aplicación supletoria del Código de

Procedimiento Civil, como ocurre en el caso subexamine, es necesario que exista un procedimiento al menos admitido (carácter de instrumentalidad) salvo los específicos casos de instrumentalidad mediata (extralitem) como ocurre en materia de Derecho de autor, Código Orgánico Tributario y Emergencia Financiera. Esto implica que, en principio, no puede decidirse una petición cautelar sin la previa existencia de un procedimiento admitido, pero en materia de amparo constitucional la "admisión" se prevé como el acto terminal del procedimiento, tal como antes se expresó.

La solución a este problema se encuentra en la consideración de la naturaleza o categoría jurídica del amparo constitucional erróneamente denominado "acción", "recurso" y "proceso", cuando la realidad es que se trata de un verdadero "procedimiento especial" a la luz del procedimiento ordinario o común establecido en el Código de Procedimiento Civil, y la "especialidad" se deriva de su cognición sumaria, los especiales efectos de la sentencia, etc. Ello explica la remisión expresa que hace el artículo 48 de la Ley Orgánica de Amparo sobre Derechos y Garantías Constitucionales a las normas procesales en vigor y, si queda alguna duda, el artículo 22 del Código de Procedimiento Civil ordena aplicar a los procedimientos especiales las normas generales contenidas en dicho instrumento cuando no haya una disposición expresa. Bajo estas consideraciones, esta

Corte Primera de lo Contencioso Adminis-
trativo admite preliminarmente la demanda
por cuanto la misma no es contraria al orden
público, la moral y las buenas costumbres, o
alguna disposición expresa de la Ley, a los
efectos del artículo 341 del Código de Proce-
dimiento Civil en atención a lo establecido en
los artículos 22 ejusdem y 48 de la Ley Or-
gánica de Amparo sobre Derechos y Garan-
tías Constitucionales, sin perjuicio de la po-
testad de la autoridad judicial competente de
revisar la admisibilidad y procedencia de la
pretensión de amparo constitucional de con-
formidad con el artículo 27 de la Constitución
de la República Bolivariana de Venezuela.

- Requisitos de procedencia y tramitación

Ante la falta de un procedimiento común y dada la vigencia de los intereses colectivos y difusos, presentes
en la carta magna venezolana, la Sala Constitucional del
tribunal Supremo de Justicia, amparada por el artículo
335 de la Constitución que la faculta de ejercer la jurisdicción con efecto normativo provisorio le dio vida a un
procedimiento común.

El ejercicio de los intereses colectivos y difusos, se tramitará por las reglas del trámite del juicio amparo constitucional, y a este respecto debe tomarse como piedra
angular y fundamento, todo lo dispuesto para su trámite.

Es de importancia resaltar que el procedimiento para

el ejercicio de la pretensión de amparo constitucional, según lo establece el artículo 27 de la Constitución Nacional de la República Bolivariana de Venezuela, deberá ser oral, público, breve, gratuito y no sujetos a formalidades.

El Tribunal supremo ha ido deslindando el trámite procedimental, para su conocimiento, y decisión, y ha sido a través de criterios jurisprudenciales como se ha venido dictando las pautas de procedimiento. La sentencia por excelencia vinculante y que delimitó y aclaró el procedimiento del amparo constitucional fue de la Sala Constitucional del Tribunal Supremo de Justicia, bajo la ponencia del magistrado Dr. Jesús Eduardo Cabrera, en donde se desarrolla dicho procedimiento ajustado al nuevo texto constitucional del 1999, y la cual se cita a continuación:

"Por mandato del artículo 27 de la Constitución de la República Bolivariana de Venezuela, el procedimiento de la acción de amparo Constitucional será oral, público, breve, gratuito y no sujeto a formalidades. Son las características de oralidad y ausencia de formalidades que rigen estos procedimientos las que permiten que la autoridad judicial restablezca inmediatamente, a la mayor brevedad, la situación jurídica infringida o la situación que más se asemeje a ella.

La aplicación inmediata del artículo 27 de la vigente Constitución, conmina a la Sala a adaptar el procedimiento de amparo esta-

blecido en la Ley Orgánica de Amparo sobre Derechos y Garantías Constitucionales a las prescripciones del artículo 27 ejusdem. Por otra parte, todo proceso jurisdiccional contencioso debe ceñirse al artículo 49 de la Constitución de la República Bolivariana de Venezuela, que impone el debido proceso, el cual, como lo señala dicho artículo, se aplicará sin discriminación a todas las actuaciones judiciales, por lo que los elementos que conforman el debido proceso deben estar presentes en el procedimiento de amparo, y por lo tanto las normas procesales contenidas en la Ley Orgánica de Amparo sobre Derechos y Garantías Constitucionales deben igualmente adecuarse a las prescripciones del citado artículo 49.

En consecuencia, el agraviante, tiene derecho a que se le oiga a fin de defenderse, lo que involucra que se le notifique efectivamente de la solicitud de amparo; de disponer del tiempo, así sea breve, para preparar su defensa; de la posibilidad, que tienen todas las partes, de contradecir y controlar los medios de prueba ofrecidos por el promovente, y por esto el procedimiento de las acciones de amparo deberá contener los elementos que conforman el debido proceso.

Ante esas realidades que emanan de la Constitución de la República Bolivariana de Venezuela, la Sala Constitucional, obrando dentro de la facultad que le otorga el artículo

335 ejusdem, de establecer interpretaciones sobre el contenido y alcance de las normas y principios constitucionales, las cuales serán en materia de amparo vinculantes para los tribunales de la República, interpreta los citados artículos 27 y 49 de la Constitución de la República Bolivariana de Venezuela, en relación con el procedimiento de amparo previsto en la Ley Orgánica de Amparo sobre Derechos y Garantías Constitucionales, distinguiendo si se trata de amparos contra sentencias o de los otros amparos, excepto el cautelar, de la siguiente forma:

1.- Con relación a los amparos que no se interpongan contra sentencias, tal como lo expresan los artículos 16 y 18 de la Ley Orgánica de Amparo sobre Derechos y Garantías Constitucionales, el proceso se iniciará por escrito o en forma oral conforme a lo señalado en dichos artículos; pero el accionante además de los elementos prescritos en el citado artículo 18 deberá también señalar en su solicitud, oral o escrita, las pruebas que desea promover, siendo esta una carga cuya omisión produce la preclusión de la oportunidad, no solo la de la oferta de las pruebas omitidas, sino la de la producción de todos los instrumentos escritos, audiovisuales o gráficos, con que cuenta para el momento de incoar la acción y que no promoviere y presentare con su escrito o interposición oral; prefiriéndose entre los instrumentos a producir los auténticos. El principio de libertad de medios regirá estos procedimientos, valorándose las pruebas por la sana crítica, excepto la prueba instrumental que tendrá los valores establecidos en los artículos 1359 y1360 del Código Civil para los documentos públicos y en el artículo 1363 del mismo Código para los documentos privados auténticos y otros que merezcan autenticidad, entre ellos los documentos públicos administrativos.

Los Tribunales o la Sala Constitucional que conozcan de la solicitud de amparo, por aplicación de los artículos de la Ley Orgánica de Amparo sobre Derechos y Garantías Constitucionales, admitirán o no el amparo, ordenarán que se amplíen los hechos y las pruebas, o se corrijan los defectos u omisiones de la solicitud, para lo cual se señalará un lapso, también preclusivo. Todo ello conforme a los artículos 17 y 19 de la Ley Orgánica de Amparo sobre Derechos y Garantías Constitucionales.

Admitida la acción, se ordenará la citación del presunto agraviante y la notificación del Ministerio Público, para que concurran al tribunal a conocer el día en que se celebrará la audiencia oral, la cual tendrá lugar, tanto en su fijación como para su práctica, dentro de las noventa y seis (96) horas a partir de la última notificación efectuada. Para dar cumplimiento a la brevedad y falta de formalidad, la notificación podrá ser practicada mediante boleta, o comunicación telefónica, fax, tele-

grama, correo electrónico, o cualquier medio de comunicación interpersonal, bien por el órgano jurisdiccional o bien por el Alguacil del mismo, indicándose en la notificación la fecha de comparecencia del presunto agraviante y dejando el Secretario del órgano jurisdiccional, en autos, constancia detallada de haberse efectuado la citación o notificación y de sus consecuencias.

En razón de la sentencia antes transcrita, la cual contiene el procedimiento de trámite del amparo constitucional, es importante destacar, que la circunstancia de que no exista un procedimiento en la ley, no es impedimento para la tutela de los intereses colectivos y difusos, tal y como lo ha sostenido la Sala Constitucional del Tribunal Supremo de Justicia al alegar que la protección de dichos intereses es de rango constitucional, conforme al artículo 26 de la Constitución Nacional, y para que dicha norma tenga vigencia inmediata, no habrá que esperar por leyes que estructuren su tramitación, sino que se permite, la interposición de acciones de tutela de interese colectivos o difusos, bien sea por vía ordinaria, o de amparo.

Conclusiones

El Estado de Derecho es fundamentalmente un estado de tutela, es decir, de protección y resguardo de los elementos estructurales de todo Estado de Derecho. Este supone un control por parte del Estado para con el Estado mismo, y evidentemente un control en las relaciones intersubjetivas de los asociados, a través de un aparato coercitivo que pueda hacer imponer la voluntad de la ley en cada situación concreta.

Pero el control, también opera frente a los particulares con respecto a la actividad del Estado y su apego de la legalidad, donde la constitución es la base y la razón. Entonces, no cabe la menor duda que el Estado debe garantizar a los ciudadanos el goce y el uso efectivo de su libertad y el pleno ejercicio de sus derechos. En este sentido, el Estado a través de sus órganos y entre ellos los órganos jurisdiccionales, tiene una función de protección, amparo, defensa, custodia o cuidado de personas e intereses.

De lo anterior se afirma que el Estado de Derecho es, en sí mismo, un estado de tutela, es decir un conjunto de disposiciones o normas de conductas destinadas, por una parte, a resolver conflictos y peticiones entre particulares, y por otra, a tutelar o garantizar el pleno ejercicio de los derechos y las libertades, al mismo tiempo significa un control de la constitucionalidad de la actuación del Estado.

Discernido, como ha sido que el objeto del Estado de Derecho es la tutela de la Constitución (tanto en lo que respecta de los derechos fundamentales como el control de la constitucionalidad de la actuación del Estado), esta obra aborda en primer término la conceptualización doctrinaria y legal de los intereses colectivos y difusos como figuras jurídicas cotidianas en el derecho comparado, pero nuevas en la legislación venezolana; para luego analizar los contenidos legitimación a la causa y al proceso y por último el procedimiento para su tramitación.

En los derechos y los deberes no se presentan más, como en los códigos tradicionales de inspiración individualista-liberal, como derechos y deberes esencialmente individuales, sino meta-individuales y colectivos. Por lo tanto, es necesario un cambio en el derecho procesal para evitar que permanezcan prácticamente desprovistos de protección los intereses difusos y colectivos, pues el proceso es hoy día un verdadero y propio fenómeno social.

Según los ordenamientos positivos de los países jurídicamente más avanzados, se han consagrado expresamente el reconocimiento de los intereses colectivos y difusos, de los que, hasta el momento, sólo se tiene absolutamente claro su necesidad de protección jurídica. En efecto, en la Constitución de la República Bolivariana de Venezuela se consagra en su Título III los Derechos y Garantías de los cuales goza toda persona. Entre ellos destaca, dentro de sus disposiciones generales el contenido del artículo 26, precepto que estatuye lo siguiente:

"Toda persona tiene derecho de acceso a los órganos de administración de justicia para hacer valer sus derechos e intereses, incluso los colectivos o difusos, a la tutela efectiva de los mismos y a obtener con prontitud la decisión correspondiente.

El Estado garantizará una justicia gratuita, accesible, imparcial, idónea, transparente, autónoma, independiente, responsable, equitativa y expedita, sin dilaciones indebidas, sin formalismos o reposiciones inútiles".

Este nuevo marco constitucional, además de consagrar el derecho de acceso a los órganos jurisdiccionales de los sujetos de derecho, quienes pueden concurrir de manera individualizada a solicitar la protección de sus derechos y garantías constitucionales, plantea ahora de manera expresa la posibilidad de que dirijan a tales órganos solicitudes que tengan por finalidad el logro de tutela judicial de intereses colectivos, o bien que los peticionantes aleguen la violación o amenaza de derechos o garantías fundamentales que forman parte de la esfera de intereses difusos, tutela jurisdiccional de la que se verían privados.

Es evidente la necesidad de que el derecho procesal ofrezca soluciones más adecuadas a los conflictos sociales, y en este sentido la evolución jurisprudencial venezolana ha ido perfilando algunas ideas que tienden a establecer diferencias entre ambos tipos de interés y a su más efectiva protección procesal; esta evolución no ha sido fácil, ni absolutamente consistente, tal como suele ocurrir cuando se trata de nuevas instituciones jurídicas.

Como se desprende del numeral 3 del artículo 281 de la Carta Magna, es la vía del amparo procedente para ventilar estos derechos e intereses, si la lesión proviene de violaciones constitucionales que requieren ser enervadas, o de la posibilidad de restablecer una situación jurídica ante esas infracciones, pero no puede ser utilizada con fines diferentes a los del amparo como el exigir resarcimientos a los lesionados, o solicitar el cumplimiento de obligaciones, etc.

Así que, la protección a los derechos e intereses difusos o colectivos, los particulares también pueden ventilarlos mediante acciones de amparo constitucional, caso en que habrá que notificar a la Defensoría del Pueblo, como legítimo representante de la ciudadanía. Aunque todos los legitimados, de acuerdo a su pretensión, podrán igualmente acudir a la vía ordinaria.

Finalmente, es preciso destacar que analizando el derecho como un todo, que envuelve y se desarrolla en torno al ser humano, que esta para satisfacer sus necesidades de evolución y convivencia, lo cual se traduce en dar alternativas que sean capaces de dar luz y guiar el sendero para encontrar la respuesta adecuada a un problema tan complejo como lo es la legitimación activa para el ejercicio de los intereses colectivos y difusos en amparo constitucional.

Bibliografía

• Acosta J. (1995). **Tutela Procesal de los Consumidores.** México. J.M. Bosch.

• Álvaro, H (1992). **Derecho Procesal.** México. Colección Juristas Latinoamericanos.

• Amparo, M (2001). **Los Intereses Colectivos y Difusos. Derecho y Sociedad.** Caracas. Monte Ávila.

• Ander–Egg, E. (1978). **Introducción a las Técnicas de Investigación.** 19ª. ed. Buenos Aires. Humanitas.

• Almagro, J. (1984). **Constitución y Proceso.** Barcelona. Bosch.

• Ayala, C. (1988). **La Acción de Amparo Constitucional en Venezuela, en la Ley Orgánica de Amparo sobre Derechos y Garantías Constitucionales.** Caracas. Editorial Jurídica Venezolana.

• Balzán, J (1986). **Lecciones de Derecho Procesal Civil.** 2º ed. Caracas. Sulibro.

• Barbosa, M. (1987). **Legitimación para las Defensa de los Intereses Difuso.** En Temas de Derecho Procesal. San Pablo.

• Brewer-Carias. (2004). **Ley Orgánica del tribunal Supremo de Justicia.** Caracas. Colección Textos Legislativos N° 28 3° edición.

• Briseño, H (1995). **Derecho Procesal.** 2° ed. México. Harla.

• Cabanellas, G (1979). **Diccionario de Derecho Usual.** Buenos Aires. Heliasta.

• Cabrera, L (1999). **La tutela de los Intereses Colectivos o Difusos.** México. Harla.

• Cappelletti, M. y Garth, B (199). **El Acceso a la justicia.** México. Fondo de Cultura Económica.

• Chávez, N. (1992). **Introducción a la Investigación Educativa.** Caracas. Ars Gráfica S. A.

• Código de Procedimiento Civil y Normas Complementarias. (2001). Caracas. Lesgile.

• Constitución de la República Bolivariana de Venezuela. Caracas. Gaceta Oficial #5453 del 24 de marzo del 2000.

• Constitución Política de Colombia de 1991.

• Corte Suprema de Justicia. La Sala Político Administrativa, sentencia de fecha 02-05-1996, caso Petróleos de Venezuela.

• Couture, E (1976). **Fundamentos del Derecho Procesal Civil.** 3ª ed. Buenos Aires. Depalma.

• De Vita, A. (1995). **La Tutela Jurisdiccionales de los Intereses Colectivos desde la perspectiva del Sistema Francés.** México. Harla.

• Di Porto, A   (1992). **El papel del ciudadano en la tutela del ambiente italiano.** México. Harla.

• Escudero, M (2002). **La Consagración Constitucional de los Intereses Colectivos o Difusos como forma de Legitimación Procesal.** Caracas. Vadell Hermanos.

• Fernández, Hernández, Baptista (2003). **Metodología de la Investigación.** 3ª. ed. México. McGraw – Hill Interamericana.

• Giannini, S. (1976). **La Tutela de los Intereses Colectivo en el Procedimiento Administrativo.** Padova.

• González, J. (1989). **El Derecho a la Tutela Jurisdiccional.** Madrid. Civitas.

• González, J (1986). **Los Intereses Económicos de los Consumidores.** Madrid. Instituto Nacional del Consumo.

• González, J (1995). **Las Partes en el Proceso, Terceros Intervinientes, Coadyuvantes.** Caracas. Jurídica venezolana.

• Gozaini, O (19). **Tutela procesal de los intereses difusos.** México. Harla.

• Hernández, M (1997). **Intereses Difuso y Colectivo.** México. Universidad Nacional Autónoma de México.

• Hernández, R., y otros (2003). **Metodología de la Investigación.** 3da ed. México. McGraw-Hll.

• Jiménez, M (1990). **La Legitimación Administrativa para la Defensa de los Intereses Legítimos y los derechos Subjetivos.** Costa Rica. Litografía e Imprenta LIL, S.A.

• Juzgado Séptimo de Primera Instancia para el Régimen Procesal Transitorio del Circuito Judicial Penal del Área Metropolitana de Caracas, Exp. 00- 22651, Sentencia N° 3.

• Landoni, A (1992). **Coloquio de la Administración de Justicia en Iberoamérica. Nuevas Orientaciones en la Tutela Jurisdiccional de los Intereses Difusos.** México. Monografía.

• Ley de Enjuiciamiento Civil Española del 27 de enero de 2001.

• Ley Federal Número 8078 Código de Defensa del Consumidor del 11 de septiembre de 1990.

• Ley Federal Mexicana de Protección al Consumidor de 1998.

• Liebman, E (1980). **Manual de Derecho Procesal Civil.** Buenos Aires. Jurídicas Europa-América.

• Liebman, Tulio (1986). **Eficacia y Autoridad de la Sentencia y otros Estudios sobre la Cosa Juzgada.** Barcelona. Ediar.

• Lozano, M. (1996). **La Protección Procesal de los Intereses Difusos.**

• Montero, J y otros (1989). **Derecho Jurisdiccional.** 2ª ed. Barcelona. Librería Bosch.

• Morello, M (1999). **La Tutela de los Intereses Difusos en el Derecho Argentino.** Buenos Aires. Librería Platense.

• Oelckers, M. **La Tutela de los Intereses Difusos; La Acción de Clase.** Buenos Aires. Facultad de Ciencias Jurídicas y Sociales. Universidad de Concepción.

• Olmedo, J. (1982). Derecho Procesal. Buenos aires. Depalma.

• Ortiz, R. (2001). **Tutela Constitucional Preventiva y Anticipativa.** Caracas. Editorial Fronesís.

• Ovalles, J (1996). **Teoría General del Proceso.** México. Oxford University Press.

• Pfeffer F. (1997). **Tutela Jurisdiccional de los Derechos del Consumidor.** Chile. Gaceta Jurídica Nª 205.

• Rondon de Sanso, H. (1994). **La Acción de Amparo Contra los Poderes Públicos.** Caracas.

• Ruggeri y Pérez P. **La Protección de Intereses Difusos, Fragmentarios y Colectivos en el Derecho Venezolano.** Caracas. Jurídica venezolana.

• Tribunal Supremo de Justicia. Sala Constitucional. Sentencia de fecha 30-06-2.000. Expediente No. 00-1728. Con ponencia del Magistrado Jesús Eduardo Cabrera Romero.

• Tribunal Supremo de Justicia. Sala Constitucional. Sentencia de fecha 30-06-2000. Nº 656. Caso Defensor del Pueblo versus Comisión Legislativa Nacional.

• Tribunal Supremo de Justicia. Sala Constitucional. Sentencia de fecha 31-08- 2000. Nº 1053. Ponente Jesús Eduardo Cabrera: Caso William Ojeda.

• Tribunal Supremo de Justicia. Sala Constitucional. Sentencia en fecha 17-05- 2001, Nº 770, en caso: Defensoría del Pueblo.

• Tribunal Supremo de Justicia. Sala Constitucional. Sentencia de fecha 30- 06-2.002. Expediente No. 02-0093. Sentencia No. 279. Con ponencia del Magistrado José Manuel Delgado Ocando.

• Tribunal Supremo de Justicia. Sala Constitucional. Sentencia de fecha 29- 05-2.000. Sentencia No. 483.

• Tribunal Supremo de Justicia. Sala Constitucional.

Sentencia de fecha 21-11- 2000. Sentencia No.1901.

• Tribunal Supremo de Justicia. Sala Constitucional. Sentencia de fecha 23- 08-2.000 Expediente No.2378.

• Tribunal Supremo de Justicia. Sala Constitucional. Sentencia de fecha 06. 04-2.001 Caso: Glenda López y otros. Sentencia No. 487. Con ponencia del Magistrado Jesús Eduardo Cabrera Romero.

• Tribunal Supremo de Justicia. Sala Constitucional de fecha 12-09-2002 en sentencia No 2.177.

• Viguri, A (1997). **La Responsabilidad Civil en el marco del Derecho de Consumo.** Chile. Comares.

• Villegas, J (1999). **La Protección Jurisdiccional de los Intereses Difusos y Colectivos.** Caracas. Jurídica venezolana.

• Villegas, J (2000). **Los Intereses Difusos y Colectivos en la Constitución de 1999.** Caracas. Revista de Derecho Constitucional. Nº 2. Sherwood.

• Vigoriti, V. (1980). **Los Intereses Colectivos en el Proceso.** Milano.

• Xiol Ríos, J. (1992). **La   Reforma   del Proceso Contencioso – Administrativo.** Valencia. Tirant Lo Blanch.

www.ingramcontent.com/pod-product-compliance
Lightning Source LLC
Chambersburg PA
CBHW021449210526
45463CB00002B/700